SAMI BI FAGNA BAPTISTE

LAURENT GBAGBO : L'ARTISAN DE LA CONSCIENCE POLITIQUE AFRICAINE

SAMI BI FAGNA BAPTISTE

LAURENT GBAGBO : L'ARTISAN DE LA CONSCIENCE POLITIQUE AFRICAINE

Justice Sociale et Équité Économique

Dictus Publishing

Imprint
Any brand names and product names mentioned in this book are subject to trademark, brand or patent protection and are trademarks or registered trademarks of their respective holders. The use of brand names, product names, common names, trade names, product descriptions etc. even without a particular marking in this work is in no way to be construed to mean that such names may be regarded as unrestricted in respect of trademark and brand protection legislation and could thus be used by anyone.

Cover image: www.ingimage.com

Publisher:
Dictus Publishing
is a trademark of
Dodo Books Indian Ocean Ltd. and OmniScriptum S.R.L publishing group

120 High Road, East Finchley, London, N2 9ED, United Kingdom
Str. Armeneasca 28/1, office 1, Chisinau MD-2012, Republic of Moldova, Europe
Printed at: see last page
ISBN: 978-3-8473-8604-9

SOMMAIRE

1. Introduction

Un Leader au Cœur des Tempêtes

Laurent Gbagbo, né le 31 mai 1945 à Gagnoa, en Côte d'Ivoire, est une figure politique complexe dont le parcours a été marqué par des luttes, des défis et des succès. En tant qu'ancien président, intellectuel et militant, il incarne l'évolution politique du continent africain à travers des décennies de colonialisme, de lutte pour la démocratie et de conflits internes. Ce chapitre d'introduction vise à poser les bases de sa vie et de son parcours, tout en soulignant son impact durable sur la Côte d'Ivoire et l'Afrique en général. Un Parcours Scolaire et Militant

Laurent Gbagbo Grandit dans un pays en proie à de nombreuses contradictions. Cousin de la célèbre époque post-coloniale, il entreprend des études en histoire, d'abord en Côte d'Ivoire, puis en France, où il devient un actif participant aux luttes estudiantines contre le néocolonialisme. Son engagement politique débute véritablement avec son retour en Côte d'Ivoire, où il fonde le Front Populaire Ivoirien (FPI) en 1982. Ce parti, qui prône une idéologie de gauche, vise à représenter les aspirations des classes populaires, tout en dénonçant les régimes autocratiques en place.

L'Accession au Pouvoir et les Débuts du Leadership

Gbagbo atteint la présidence en 2000, après une élection tumultueuse marquée par des accusations de fraude et des tensions politiques. Son accession au pouvoir est perçue par beaucoup comme une victoire de la démocratie contre des décennies de gouvernement autoritaire. En tant que président, il commence à mettre en œuvre des réformes destinées à renforcer la démocratie, tout en affrontant des défis importants, notamment une économie en déclin et des tensions sociales grandissantes.

Une Figure Controversée : Les Rébellions et la Division

Cependant, Gbagbo ne tarde pas à faire face à des défis considérables. En 2002, une rébellion éclate, divisant le pays entre les forces loyalistes du sud et les rebelles du nord. Cette période de conflit déchire non seulement la Côte d'Ivoire, mais cristallise également des tensions ethniques et politiques qui perdureront des années. Gbagbo est alors confronté à des critiques croissantes pour sa gestion de la crise, tandis que son image publique oscille entre celle d'un libérateur et celle d'un tyran.

Esquisse d'un Impact Durable

L'impact de Laurent Gbagbo va au-delà de son époque au pouvoir. Il a suscité un éveil politique chez de nombreuses populations africaines, notamment en incitant les jeunes à s'engager dans les affaires politiques. Son discours sur l'identité africaine, l'auto-détermination et la résistance au néocolonialisme trouve un écho auprès de ceux qui aspirent à un changement dans la gouvernance et l'autonomie économique du continent.

Ses idées sur la démocratie et la souveraineté mettent en lumière les luttes contre les ingérences étrangères et les structures de pouvoir hégémoniques, faisant de lui un symbole pour ceux qui cherchent à revendiquer leur droit à l'autodétermination.

Les Leçons de Gbagbo et de la Côte d'Ivoire

Alors qu'il fait face à des accusations de crimes contre l'humanité et qu'il est jugé par la Cour pénale internationale (CPI), le parcours de Gbagbo soulève des questions cruciales sur la justice, la responsabilité et les droits de l'homme en Afrique. La dualité de son héritage — à la fois agent de changement social et figure controversée — incite à une réflexion sérieuse sur les défis que rencontrent les leaders africains contemporains.

Ainsi, Laurent Gbagbo est bien plus qu'un ancien président de la Côte d'Ivoire. Il incarne le combat pour la dignité, la justice et la dignité humaine, tout en représentant les complexités de la politique africaine moderne. Ce livre se propose d'explorer chaque aspect de son parcours, ses idéaux, ses luttes et l'impact qu'il a eu sur son pays et le continent. Gbagbo, en tant qu'artisan de la conscience politique en Afrique, mérite une analyse approfondie pour comprendre les enjeux contemporains auxquels est confrontée notre société.

2. Les Racines d'un Engageant

La jeunesse de Gbagbo et son parcours académique.

Laurent Gbagbo, né le 31 mai 1945 à Oduku, un village près de Gagnoa en Côte d'Ivoire, a grandi dans un contexte socio-culturel riche, marqué par les traditions Akan. Il est le fils d'un agriculteur, ce qui lui a inculqué une forte éthique de travail dès son enfance. Très tôt, Gbagbo montre un intérêt marqué pour l'éducation, étant l'un des rares élèves de sa région à poursuivre des études supérieures. Parcours Académique

Éducation Primaire et Secondaire

Gbagbo commence sa scolarité dans son village natal avant de déménager à Abidjan pour poursuivre ses études. Il fréquente l'École Normale Supérieure d'Abidjan où il acquiert des compétences en lettres et en sciences sociales. Son parcours académique est également influencé par les événements politiques de l'époque, notamment l'indépendance de la Côte d'Ivoire en 1960, qui nourrit son intérêt pour la politique.

Études Universitaires

Dans les années 1970, Gbagbo part en France pour poursuivre des études universitaires à l'Université de Paris 7, où il obtient une maîtrise en histoire. Ses années en France sont marquées par une prise de conscience politique accrue et un engagement dans des mouvements estudiantins. Gbagbo s'immerge dans les idées marxistes et luttant contre les inégalités sociales, ce qui forge sa pensée politique.

Retour en Côte d'Ivoire

De retour en Côte d'Ivoire dans les années 1980, Gbagbo devient enseignant et chercheur, mais il commence rapidement à s'impliquer activement dans la politique, pendant une période de forte répression sous le régime de Félix Houphouët-Boigny. Il co-fonde le Front Populaire Ivoirien (FPI) en 1982, un parti politique d'opposition, où il prône la démocratie, la justice sociale et les droits de l'homme.

Influence de son Parcours sur son Engagement

Le parcours académique de Gbagbo, allié à son expérience personnelle et aux injustices qu'il observe, le mène à développer une vision politique déterminée. Son engagement est ainsi façonné par une volonté de défendre les opprimés et de promouvoir une Côte d'Ivoire où la voix du peuple est entendue.

En somme, la jeunesse et le parcours académique de Laurent Gbagbo sont des éléments clés qui ont contribué à forger sa personnalité politique et son engagement. Ces racines ont joué un rôle fondamental dans sa détermination à lutter pour la démocratie et la justice sociale dans son pays.

3. **La Naissance du Front Populaire Ivoirien**

Les débuts politiques et la formation du FPI.

La Naissance du Front Populaire Ivoirien

Les Débuts Politiques de Laurent Gbagbo

Laurent Gbagbo a débuté sa carrière politique dans un contexte de forte répression sous le régime de Félix Houphouët-Boigny, président et figure emblématique de l'indépendance de la Côte d'Ivoire. Dans les années 1980, alors que la Côte d'Ivoire fait face à des crises économiques et sociales, l'appel à la démocratie devient de plus en plus pressant. Gbagbo, qui a déjà acquis une réputation en tant qu'intellectuel engagé, commence à critiquer ouvertement le régime en place.

La Démarche Politique

En 1980, Gbagbo anime des groupes de réflexion et des cercles de discussion sur le besoin d'une plus grande démocratisation. Il participe activement à des mouvements estudiantins et à des initiatives visant à revendiquer les droits civiques et politiques des Ivoiriens. Son discours devient un instrument de mobilisation, dénonçant la corruption et l'autoritarisme du gouvernement. Gbagbo prône une politique d'inclusion qui vise à donner une voix aux minorités et aux classes populaires.

Formation du Front Populaire Ivoirien (FPI)

La Fondation du Parti

La création du Front Populaire Ivoirien (FPI) est officiellement annoncée le 10 octobre 1982. Le FPI naît de la volonté de regrouper les forces progressistes et les différentes sensibilités politiques opposées au régime d'Houphouët-Boigny. La fondation du parti est non seulement un acte politique, mais aussi un acte symbolique qui vise à incarner les aspirations démocratiques d'une partie de la population ivoirienne.

Les Principes et Objectifs du FPI

Le FPI se veut un parti de gauche qui prône des valeurs telles que la justice sociale, l'égalité, le développement durable et la démocratie participative. Ses fondateurs souhaitent créer une alternative crédible face à l'hégémonie du Parti Démocratique de la Côte d'Ivoire (PDCI), le parti unique de l'époque. Le FPI se donne pour mission de défendre les droits des démunis et de s'attaquer aux inégalités socio-économiques.

Les Débuts du FPI dans le Contexte Politique

Opposition au Régime en Place

Dès sa création, le FPI fait face à des difficultés. Le régime d'Houphouët-Boigny réagit avec une répression violente. Les réunions, manifestations et autres activités du FPI sont souvent interdites, et ses membres sont victimes d'arrestations, de harcèlements et de violences. Cela n'entrave cependant pas la détermination de Gbagbo et de ses camarades à poursuivre leur lutte pour la démocratie.

Stratégies de Mobilisation

Pour se faire entendre, le FPI utilise des stratégies innovantes de mobilisation, telles que l'organisation de forums et de rencontres publiques. Le parti commence également à s'implanter dans les différents quartiers populaires et à gagner le soutien de la jeunesse, des femmes et des travailleurs. Des arguments politiques appuyés par des critiques acerbes envers le régime permettent au FPI de s'ancrer dans le paysage politique ivoirien.

Évolution et Montée en Puissance

Au fil des années, malgré les répressions, le FPI parvient à rassembler de plus en plus de sympathisants, notamment avec le sentiment grandissant d'insatisfaction face à la gestion du pouvoir par Houphouët-Boigny. La pression populaire et l'exigence de changements démocratiques se renforcent, culminant dans les événements historiques des années 1990, où la Côte d'Ivoire entre dans une période de libéralisation politique.

Conclusion

La naissance du Front Populaire Ivoirien est le fruit d'une convergence d'idées, de luttes et de aspirations d'une population désireuse de changement. Sous la direction de Laurent Gbagbo, le FPI devient un acteur clé de la lutte pour la démocratie et la justice sociale en Côte d'Ivoire. L'histoire du FPI et sa montée en puissance illustrent la résilience d'un mouvement populaire face à l'adversité et à la répression, tout en préparant le terrain pour des évolutions politiques majeures dans le pays.

4. **Militantisme et Idéologie**

Exploration des convictions politiques de Gbagbo.

5. **Accession à la Présidence : L'Élection de 2000**

Contexte et enjeux de sa victoire électorale.

Accession à la Présidence : L'Élection de 2000

Contexte Politique Préalable à l'Élection

L'élection présidentielle de 2000 en Côte d'Ivoire se déroule dans un contexte marqué par une intensification des tensions politiques, des bouleversements socio-économiques et une agitation populaire croissante. Après une décennie de lutte politique et de répression, Laurent Gbagbo et le Front Populaire Ivoirien (FPI) sont désormais au cœur du débat national. La Côte d'Ivoire, auparavant considérée comme un modèle de stabilité en Afrique de l'Ouest, fait face à une crise de légitimité du gouvernement sortant.

Héritage de la Transition Démocratique

L'année 1990 marque le début d'un processus de démocratisation en Côte d'Ivoire, avec l'autorisation de partis politiques multipartisan. Cependant, la transition vers un système démocratique véritable est entravée par des tensions ethniques et des rivalités politiques. Le régime du président Henri Konan Bédié, successeur d'Houphouët-Boigny, a mis en place une politique d'exclusion qui vise particulièrement certains groupes, exacerbant les divisions ethniques et régionales.

En 1999, un coup d'État militaire renverse Bédié, ouvrant la voie à une instabilité prolongée. Après des mois de tensions et d'incertitudes, le pays s'engage vers des élections présidentielles, mais la méfiance de la population envers les institutions et la classe politique est palpable.

Les Enjeux de l'Élection

Définition des Candidatures

Laurent Gbagbo se présente comme le leader du FPI avec un programme axé sur la justice sociale, la réconciliation nationale et le développement économique. Ses principaux adversaires incluent le général Robert Guéï, au pouvoir après le coup d'État de 1999, et d'autres figures politiques emblématiques du pays.

Gbagbo, dont le discours est dynamique et orienté vers la lutte contre l'injustice et l'exclusion, séduit une grande partie de la population. Son message de réconciliation et son passé de défenseur des droits de l'homme deviennent des atouts majeurs dans une campagne marquée par la polarisation.

La Composition Électorale

L'élection de 2000 est marquée par un fort taux d'abstention, en partie dû à la méfiance envers le processus électoral et à l'absence de véritables garanties pour des élections transparentes. Malgré cela, Gbagbo parvient à mobiliser une base électorale solide, articulant ses propositions autour des préoccupations des Ivoiriens face aux inégalités et à l'inefficacité des dirigeants précédents.

Le Déroulement de l'Élection

Le premier tour de l'élection présidentielle a lieu le 22 octobre 2000. Les résultats sont tumultueux, avec des accusations de fraudes et des tensions verbales entre les partisans des différents candidats. Le climat préélectoral est chargé, marqué par des affrontements violents et des intimidations.

Les résultats du premier tour montrent Gbagbo en tête avec près de 40% des voix, mais la situation se complique après que l'élection est déclarée sans résultat satisfaisant en raison de l'impossibilité d'un second tour. En réponse, le général Guéï, qui aurait dû céder sa place à Gbagbo, s'auto-proclame président après avoir annulé les résultats. Cette décision suscite l'ire des partisans de Gbagbo, qui descendent dans les rues.

La Victoire de Gbagbo

Le 26 octobre 2000, à la suite de manifestations populaires massives et de la pression de ses partisans, Gbagbo est finalement proclamé président de la République. Son accession à la présidence est le résultat non seulement d'une dynamique électorale favorable, mais également d'une forte mobilisation populaire qui a exprimé un désir de changement.

Les Implications de sa Victoire

La victoire de Gbagbo à l'élection de 2000 constitue une rupture significative dans l'histoire politique de la Côte d'Ivoire. Elle marque l'ascension d'un homme qui a longtemps été à l'avant-garde de la lutte pour la démocratie et les droits humains. Cependant, cette accession au pouvoir n'est pas sans challenges.

Les Défis Post-Électoraux

Dès son entrée en fonction, Gbagbo se trouve confronté à de nombreux défis : rétablir la confiance entre les différentes communautés, consolider la paix après une période troublée et relancer l'économie. Les tensions déjà présentes entre les différents groupes ethniques et politiques s'intensifient, préfigurant des conflits à venir.

Conclusion

L'élection de 2000 et l'accession de Laurent Gbagbo à la présidence de la Côte d'Ivoire sont marquées par une lutte pour la démocratie et des aspirations à un changement radical dans la gestion du pays. Cependant, le chemin vers une véritable réconciliation nationale et une paix durable reste semé d'embûches, soulignant les défis persistants auxquels doit faire face le nouveau président dans un pays en quête de stabilité et d'unitè.

6. **Rébellion et Division : Les Débuts de la Crise**

Analyse du conflit de 2002 et ses répercussions.

Rébellion et Division : Les Débuts de la Crise

Contexte Préalable au Conflit

La crise qui éclate en Côte d'Ivoire en 2002 est le résultat d'un enchevêtrement de facteurs politiques, économiques et sociaux qui se sont accumulés depuis des années. Après l'accession de Laurent Gbagbo à la présidence en 2000, des tensions croissantes émergent entre les diverses communautés politiques et ethniques du pays.

Tensions Ethniques et Politiques

La Côte d'Ivoire, historiquement perçue comme un havre de paix, commence à montrer des signes de fractures profondes. Les politiques d'exclusion mises en place sous les présidences précédentes, notamment celle d'Henri Konan Bédié, ont exacerbé des sentiments d'injustice et d'inégalité parmi les groupes ethniques, en particulier les communautés nordiques. Des tensions ethniques s'accumulent, et des mouvements peuvent à peine trouver une représentation politique sous le régime de Gbagbo.

Problèmes Économiques

Sur le plan économique, la Côte d'Ivoire fait face à des défis significatifs, avec une dévaluation du franc CFA, la baisse des prix du cacao (première source de revenus du pays) et des grèves récurrentes dans divers secteurs. La population, particulièrement dans le nord, ressent les effets de la corruption et de la mauvaise gestion, ce qui alimente un mécontentement général et une frustration croissante.

L'Éclatement de la Rébellion

Le Déclencheur

Le 19 septembre 2002, la situation atteint un point de non-retour lorsque des mutins, principalement originaires du nord du pays, lancent une attaque contre des installations militaires. Ce coup de feu, initialement revendiqué par des soldats mécontents, évolue rapidement pour devenir une véritable rébellion organisée. Sous le nom de "Mouvement Patriotique de Côte d'Ivoire" (MPCI), les rebelles sont en grande partie soutenus par des Ivoiriens du nord qui se sentent marginalisés par le gouvernement de Gbagbo.

Le Conflit Armé

Rapidement, le conflit se militarise et s'étend à d'autres régions du pays. Les rebelles capturent les villes stratégiques du nord, et le pays se divise en deux : une zone contrôlée par le gouvernement au sud et une zone rebelle au nord. Ce schisme territorial s'accompagne d'une intensification des combats et d'une spirale de violence qui plonge le pays dans un chaos incontrôlable.

Les Répercussions de la Crise

Conséquences Humanitaires

La crise de 2002 engendre une crise humanitaire alarmante. Des milliers de personnes fuient leurs foyers, devenant des déplacés internes ou des réfugiés dans les pays voisins. Les violations des droits humains, y compris des exécutions extrajudiciaires, des enlèvements et des violences sexuelles, deviennent monnaie courante, exacerbant les souffrances des populations touchées. La Commission nationale des droits de l'homme de Côte d'Ivoire, ainsi que des ONG internationales, expriment leur inquiétude face à la dégradation de la situation.

Impact Économique

Sur le plan économique, le conflit entraîne un effondrement des activités économiques et une détérioration des conditions de vie. Les infrastructures, notamment les routes et les installations de production agricole, subissent des destructions massives, aggravant encore la situation économique déjà fragilisée. La Côte d'Ivoire, autrefois considérée comme l'un des pays les plus prospères de la région, est désormais confrontée à un déclin drastique de ses indicateurs de développement.

Les Efforts de Médiation

Face à la montée des violences, des efforts de médiation émergent, tant au niveau national qu'international. Des acteurs régionaux, tels que la Communauté économique des États de l'Afrique de l'Ouest (CEDEAO), ainsi que l'Union africaine, interviennent pour tenter de trouver une solution pacifique au conflit. Des négociations commencent à être menées à Linas-Marcoussis, en France, avec l'objectif de mettre en place un gouvernement d'unité nationale. Ces négociations aboutissent à des accords, mais leur mise en œuvre est souvent entravée par des tensions persistantes entre les protagonistes.

Les Conséquences Politique

La crise de 2002 entraîne une polarisation accrue du paysage politique ivoirien. Les tensions entre les partisans de Gbagbo et ceux des rebelles, ainsi que les nombreuses fractures ethniques, font de la réconciliation nationale un défi de taille. Le climat de méfiance mais aussi de violence dénote un avenir incertain, amené à être ponctué par des luttes de pouvoir et des conflits ethniques qui continuent de hanter le pays.

Conclusion

L'éclatement de la rébellion en 2002 constitue un tournant majeur dans l'histoire récente de la Côte d'Ivoire. Il illustre les profondes inégalités et les tensions qui minent la cohésion sociale du pays. La crise révèle la nécessité d'une véritable réconciliation nationale et d'un réajustement des politiques pour répondre aux aspirations de l'ensemble des Ivoiriens afin de favoriser un retour à la paix et à la stabilité. L'héritage de ce conflit se fait sentir pendant des années, préparant le terrain pour des luttes futures autour des questions de gouvernance, de justice et d'identité nationale.

7. **L'Art de la Résilience**

Comment Gbagbo a navigué à travers la guerre civile.

L'Art de la Résilience : Comment Gbagbo a Navigué à Travers la Guerre Civile

L'histoire de Laurent Gbagbo, ancien président de la Côte d'Ivoire, est marquée par des épisodes de résistance, de controverses et de résilience, notamment pendant la guerre civile qui a déchiré le pays au début des années 2000. Voici un développement détaillé sur la manière dont Gbagbo a navigué à travers cette période tumultueuse.

Contexte Historique

La Côte d'Ivoire a connu une stabilité relative après son indépendance en 1960, mais à la fin des années 1990, des tensions ethniques et politiques ont commencé à émerger. En 2000, Laurent Gbagbo devient président après une élection contestée qui alimente le mécontentement et les divisions au sein de la population. Son accession au pouvoir coïncide avec une montée des violences, notamment à cause de la guerre civile qui éclate en septembre 2002, opposant le gouvernement loyal à Gbagbo et les rebelles du Mouvement Patriote de Côte d'Ivoire (MPCI).

Stratégies de Résistance

1. Mobilisation Politique et Populaire :

Laurent Gbagbo a su mobiliser ses partisans en se posant en défenseur des Ivoiriens et en rejetant les accusations d'être un dictateur. Il a utilisé les médias, notamment la radio et la télévision, pour s'adresser directement à la population, créant ainsi un lien avec ses partisans et une image de leader résilient face à l'adversité.

2. Diplomatie Internationale :

Gbagbo a également tenté de jouer sur la scène internationale pour obtenir du soutien. En s'appuyant sur ses relations avec des pays africains et en participant à des sommets régionaux, il a cherché à renforcer sa légitimité et à minimiser les pressions extérieures en faveur de son adversaire.

3. Répression des Opposants :

La répression a fait partie intégrante de sa stratégie. Le régime de Gbagbo a été critiqué pour ses violations des droits de l'homme, y compris la répression des manifestations et l'arrestation de journalistes. Cette stratégie a suscité des critiques, mais elle a également permis de maintenir un certain contrôle sur la situation interne.

4. Négociations et Accords de Paix :

Malgré une politique centrée sur la résistance, Gbagbo a dû naviguer dans des discussions de paix avec divers groupes armés et partis politiques. Les accords de Linas-Marcoussis en 2003 et d'autres initiatives ont ouvert la voie à un cessez-le-feu temporaire, bien qu'ils n'aient pas mis fin à la violence.

Résilience et Conséquences

La résilience de Gbagbo a été mise à l'épreuve à plusieurs reprises. Chaque échec diplomatique, chaque nouvelle flambée de violence et chaque critique internationale a révélé les limites de sa stratégie. En 2010, après des élections marquées par des tensions, Gbagbo refusa de céder le pouvoir à Alassane Ouattara, déclenchant une nouvelle crise qui mènera à son arrestation en 2011.

La résilience de Gbagbo peut être vue non seulement comme une lutte pour le pouvoir, mais aussi comme un reflet des dynamiques sociales et politiques en Côte d'Ivoire. Sa capacité à s'accrocher au pouvoir, même face à des défis écrasants, révèle la complexité des conflits en Afrique de l'Ouest, où les identités ethniques, les ambitions politiques et les enjeux économiques s'entremêlent.

Conclusion

L'art de la résilience de Laurent Gbagbo durant la guerre civile en Côte d'Ivoire illustre une lutte non seulement pour le pouvoir, mais aussi pour une vision de la nation. Alors que ses actions ont laissé une empreinte indélébile sur le pays, elles ont également ouvert un débat sur la responsabilité politique et les voies vers la réconciliation post-conflit. Les leçons tirées de cette période demeurent critiques pour comprendre les défis contemporains de la Côte d'Ivoire et de nombreux autres pays de la région.

8. **Politique de Réconciliation et de Paix**

Efforts pour réunir une nation divisée.

Politique de Réconciliation et de Paix : Efforts pour Réunir une Nation Divisée

La politique de réconciliation et de paix en Côte d'Ivoire est un domaine complexe, marqué par des tensions historiques et des conflits récents. Après des années de guerre civile et de divisions ethniques profondes, le pays a engagé divers efforts pour réunir une nation fracturée. Voici un développement détaillé sur les initiatives et les défis de cette politique.

Contexte de la Réconciliation

La Côte d'Ivoire a été gravement touchée par une guerre civile de 2002 à 2007, suivie d'une crise politique après les élections contestées de 2010. Ces événements ont laissé des cicatrices profondes dans la société ivoirienne, exacerbant les tensions ethniques et alimentant une méfiance généralisée entre différentes communautés. Pour avancer vers une paix durable, la réconciliation est devenue une nécessité incontournable.

Initiatives de Réconciliation

1. Création de la Commission Dialogue, Vérité et Réconciliation (CDVR) :

En 2011, la CDVR a été mise en place avec la mission d'enquêter sur les violations des droits humains, de favoriser le dialogue entre les parties en conflit et d'encourager la repentance et le pardon. Cette commission a organisé des audiences publiques où les victimes et les responsables de violences ont pu s'exprimer. Bien que ce processus ait eu du succès, il a également rencontré des critiques en raison de cas de non-reconnaissance des responsabilités.

2. Programmes de Développement Communautaire :

Le gouvernement et des organisations non gouvernementales (ONG) ont lancé plusieurs programmes de développement visant à reconstruire les infrastructures dans les zones touchées par le conflit, à promouvoir la cohabitation pacifique, et à améliorer les conditions de vie des populations. Ces initiatives avaient pour but de renforcer les liens sociaux et d'atténuer les tensions communautaires.

3. Ateliers de Sensibilisation et Éducation à la Paix :

Des campagnes de sensibilisation ont été mises en œuvre pour éduquer la population sur l'importance de la paix et de la réconciliation. Ces ateliers visaient à déconstruire les mythes et stéréotypes liés aux différentes communautés ethniques, en mettant l'accent sur les valeurs d'unité et de coexistence pacifique.

4. Inclusion Politique :

La réconciliation politique a également été une priorité, avec des efforts pour inclure des représentants de toutes les factions politiques dans le gouvernement et la mise en place de dialogues nationaux. Cependant, la méfiance envers certains leaders politiques et la fragmentation des partis ont compliqué ces efforts.

Défis de la Réconciliation

1. Méfiance Persistante :

Malgré les efforts de réconciliation, la méfiance entre les différents groupes ethniques et politiques reste profonde. Beaucoup de victimes de la violence estiment que les responsables n'ont pas été suffisamment sanctionnés, ce qui alimente un sentiment d'injustice.

2. Difficultés Économiques :

La crise économique a compliqué les efforts de réconciliation. Les inégalités économiques persistantes, notamment dans les zones rurales, exacerbent les tensions et rendent plus difficile l'adhésion des populations à des initiatives de paix. La pauvreté peut inciter certaines personnes à renouer avec les conflits en raison du manque d'opportunités.

3. Politique de Partisanerie :

Les rivalités politiques continuent de représenter un obstacle majeur à la paix durable. La politisation des griefs ethniques et historiques peut réactiver des tensions, rendant difficile la consolidation des acquis de la réconciliation.

4. Retard dans la Mise en Œuvre des Recommandations :

La mise en œuvre des recommandations de la CDVR et d'autres initiatives de réconciliation a souvent été lente, en raison de contraintes financières, politiques, et parfois d'un manque de volonté. Cela peut créer un sentiment de désillusion au sein de la population.

Conclusion

La politique de réconciliation et de paix en Côte d'Ivoire est un processus en cours, parsemé de défis mais également d'opportunités. Si des efforts significatifs ont été déployés pour réunir une nation divisée, il reste essentiel de continuer à travailler sur la base de la confiance, de la justice et du développement. La réconciliation nécessite un engagement à long terme de tous les acteurs de la société, en intégrant les voix des victimes et en mettant en place des mécanismes efficaces pour garantir que les erreurs du passé ne se reproduisent pas. Une Côte d'Ivoire unie et pacifique repose sur ces efforts continus et la capacité de ses citoyens à surmonter les blessures du passé pour construire un avenir commun.

9. **La Crise Post-Électorale de 2010**

Événements marquants et contestations des résultats.

La Crise Post-Électorale de 2010 : Événements Marquants et Contestations des Résultats

La crise post-électorale de 2010 en Côte d'Ivoire représente l'un des épisodes les plus tragiques et complexes de l'histoire récente du pays. Ce conflit a débuté après les élections présidentielles de novembre 2010, plongeant la nation dans une violence meurtrière et des tensions politiques exacerbées. Voici un développement détaillé sur les événements marquants et les contestations des résultats de cette crise.

Contexte Politique

La Côte d'Ivoire a vécu une décennie de troubles politiques et de guerre civile entre 2002 et 2007, suivie d'une période d'instabilité. Laurent Gbagbo, alors président, était en fonction depuis 2000 et sa légitimité était de plus en plus remise en question. Les élections de 2010 étaient censées marquer un tournant vers la paix et la démocratie, mais elles ont révélé des fractures profondes au sein de la société ivoirienne.

Événements Marquants

1. Le Premier Tour des Élections :

Les élections ont eu lieu le 31 octobre 2010. Le premier tour s'est déroulé dans un climat tendu mais relativement calme, avec trois candidats principaux : Laurent Gbagbo, Alassane Ouattara et Henri

Konan Bédié. Aucun candidat n'ayant obtenu la majorité, un second tour a été organisé.

2. Le Second Tour et les Résultats Contestés :

Le second tour s'est tenu le 28 novembre 2010. À l'issue de ce scrutin, la Commission Électorale Indépendante (CEI) a annoncé que Alassane Ouattara avait remporté l'élection avec 54,1 % des voix contre 45,9 % pour Gbagbo. Cependant, Gbagbo et ses partisans ont immédiatement contesté ces résultats.

3. La Déclaration de Victoire :

Malgré les annonces de la CEI et de la communauté internationale, Laurent Gbagbo a déclaré qu'il était le vainqueur du scrutin, arguant que les résultats avaient été falsifiés par Ouattara et ses partisans. Ceci a ouvert la voie à une intensification des tensions.

4. La Violente Escalade des Conflits :

La contestation des résultats a rapidement dégénéré en violences. Des affrontements entre les forces loyales à Gbagbo et celles soutenant Ouattara ont éclaté dans plusieurs villes, notamment à Abidjan. La crise a été marquée par des violations massives des droits de l'homme, des massacres et des déplacements forcés de populations.

5. L'Intervention de la Communauté Internationale :

La communauté internationale, y compris l'ONU et l'Union Africaine, a exigé que Gbagbo cède le pouvoir. Les forces de l'ONU en Côte d'Ivoire ont intensifié leur présence pour protéger les civils, tandis que la France a lancé l'opération Licorne pour protéger ses ressortissants et soutenir les forces de l'ONU.

6. Capture de Gbagbo :

En avril 2011, après plusieurs mois de crise, les forces pro-Ouattara ont pris le contrôle d'Abidjan, et Laurent Gbagbo a été arrêté, mettant ainsi fin à son mandat. Il a ensuite été transféré à La Haye pour être jugé par la Cour pénale internationale pour crimes contre l'humanité.

Conséquences de la Crise

1. Pertes Humaines et Humaines :

La crise a fait plus de 3 000 morts et des milliers de déplacés. Les conséquences humanitaires ont été dévastatrices, avec des communautés entières touchées par la violence.

2. Fractures Sociales et Politiques :

La crise a exacerbé les divisions ethniques et politiques en Côte d'Ivoire. Les tensions entre les partisans de Gbagbo et de Ouattara perdurent, rendant difficile la création d'un paysage politique stable et inclusif.

3. Efforts de Réconciliation :

Après la crise, le pays a engagé des efforts de réconciliation nationale, comme évoqué précédemment, mais les soutiens à ces initiatives restent mitigés, malgré la volonté affichée de restaurer la paix et la confiance entre les différentes factions.

4. Impact Économique :

L'économie ivoirienne, auparavant en croissance, a subi un coup sévère à cause des violences, entraînant des pertes économiques considérables et une baisse de l'investissement.

Conclusion

La crise post-électorale de 2010 en Côte d'Ivoire est un épisode tragique qui a laissé des cicatrices durables sur la société. Elle illustre les dangers de l'impasse politique et des contestations dans un contexte de fragilité institutionnelle. La résolution de cette crise requiert non seulement une attention immédiate à la justice et à la réconciliation, mais aussi un engagement à long terme pour bâtir les fondations d'une démocratie stable, pour éviter que de tels événements ne se reproduisent à l'avenir. Les leçons tirées de cette crise sont essentielles pour guider les efforts de paix et de cohésion sociale en Côte d'Ivoire.

10. **Arrestation et Transfert à la CPI**

Les circonstances de son arrestation et le procès.

Arrestation et Transfert de Laurent Gbagbo à la Cour Pénale Internationale (CPI) : Circonstances et Procès

L'arrestation de Laurent Gbagbo et son transfert à la Cour Pénale Internationale (CPI) constituent un moment clé de l'histoire politique et judiciaire de la Côte d'Ivoire, ainsi qu'une étape importante dans la lutte contre l'impunité au niveau international. Ce processus a été marqué par des événements tumultueux, des tensions politiques et des implications profondes pour la justice en Afrique. Voici un développement détaillé sur les circonstances de son arrestation et les détails du procès qui a suivi.

Circonstances de l'Arrestation

1. Contexte de la Crise Post-Électorale :

Après les élections présidentielle de novembre 2010, Laurent Gbagbo a refusé de céder le pouvoir à Alassane Ouattara, malgré la reconnaissance internationale de ce dernier comme le vainqueur. Le pays a basculé dans une crise de violence prolongée, avec des affrontements armés entre les forces de Gbagbo et celles de Ouattara.

2. Escalade des Violences :

En avril 2011, la situation a atteint un point de non-retour. Les combats à Abidjan et dans d'autres villes ont intensifié les violences, les forces pro-Ouattara cherchant à mettre un terme au régime de Gbagbo. Les témoignages d'exécutions extrajudiciaires, de violations des droits de l'homme et de massacres ont commencé à être rapportés, attirant l'attention internationale.

3. Arrestation de Gbagbo :

Le 11 avril 2011, les forces de Ouattara, avec le soutien des forces de l'ONU, ont lancé une offensive finale sur le quartier présidentiel d'Abidjan. Gbagbo a été capturé dans une cachette dans son palais et a été arrêté. Son arrestation a été marquée par l'importance des perceptions d'un nouveau départ pour la Côte d'Ivoire, mais elle a également suscité des tensions parmi ses partisans et les communautés encore divisées par le conflit.

Transfert à la Cour Pénale Internationale

1. Contexte du Transfert :

Après son arrestation, il était clairement établi que Gbagbo serait tenu responsable des violences et des crimes commis durant la crise post-électorale, qui avaient fait plus de 3 000 morts. La communauté internationale avait exercé une pression considérable pour veiller à ce que ceux responsables des crimes les plus graves soient traduits en justice.

2. Décision de la CPI :

En mai 2011, la CPI a ouvert une enquête préliminaire sur les crimes présumés commis en Côte d'Ivoire, couvrant à la fois les actes de violences de Gbagbo et ceux de Ouattara. Le 29 juin 2011, la CPI a délivré un mandat d'arrêt contre Laurent Gbagbo pour crimes contre l'humanité, notamment pour meurtres, viols et autres actes inhumains.

3. Transfert à La Haye :

Gbagbo a été transféré à la CPI le 30 novembre 2011. Ce transfert marquait un moment symbolique, non seulement pour le système judiciaire ivoirien, mais aussi pour la justice internationale, signalant que même les chefs d'État ne sont pas au-dessus de la loi. Son arrivée à La Haye a suscité des réactions partagées en Côte d'Ivoire ; certains le voyaient comme un symbole de justice, tandis que d'autres le considéraient comme un martyr.

Le Procès de Laurent Gbagbo

1. Accusations et Charges :

Le procès de Laurent Gbagbo a débuté le 28 janvier 2016. Il a été accusé de quatre crimes principaux : meurtres, tentatives de meurtres, viols et autres formes de violence sexuelle, et actes inhumains commis entre le 16 décembre 2010 et le 12 avril 2011. Ces accusations visaient à établir son rôle direct dans les violences ayant suivi les élections.

2. Le Déroulement du Procès :

Le procès a été marqué par des témoignages variés de victimes, d'experts et de membres des forces de sécurité. Les avocats de la défense de Gbagbo ont contesté les preuves présentées par le Procureur, affirmant que les accusations reposaient sur des témoignages biaisés et que les crimes étaient le résultat de la guerre entre factions et non d'un plan orchestré par Gbagbo.

3. Verdict et Implications :

Le 15 janvier 2019, la CPI a acquitté Laurent Gbagbo, déclarant qu'il n'y avait pas suffisamment de preuves pour établir sa culpabilité pour les crimes qui lui étaient reprochés. Cela a eu un impact considérable sur son image et celle de la CPI, retardant également le processus de réconciliation en Côte d'Ivoire. L'acquittement a été interprété par certains comme une victoire pour la défense des droits humains, mais aussi comme une déception pour ceux qui attendaient justice pour les victimes.

Conclusion

L'arrestation et le procès de Laurent Gbagbo à la Cour Pénale Internationale représentent des éléments critiques du processus de justice et de réconciliation en Côte d'Ivoire et dans le système international. Son arrestation a été perçue comme un tournant dans la lutte contre l'impunité, tandis que son acquittement a soulevé des questions complexes sur l'efficacité de la justice internationale. Les événements entourant son arrestation et son procès continuent d'influencer le paysage politique en Côte d'Ivoire et les discussions sur la gouvernance, les droits de l'homme et la réconciliation dans le pays. La compétence de la CPI et son rôle dans les affaires africaines restent des sujets sensibles et débattus dans le domaine du droit international.

11. **L'Impact sur la Justice Internationale**

Réflexions sur le jugement d'un ancien chef d'État.

L'Impact sur la Justice Internationale : Réflexions sur le Jugement d'un Ancien Chef d'État

Le jugement de Laurent Gbagbo par la Cour Pénale Internationale (CPI) a suscité des débats et des réflexions profondes sur l'impact de la justice internationale, les mécanismes de responsabilité pour les dirigeants étatiques, et les implications pour la prévention de crimes futurs. Ce développement examine ces aspects et leur portée sur la justice internationale.

1. La Signification d'un Jugement International

La poursuite judiciaire d'un ancien chef d'État comme Laurent Gbagbo constitue une avancée majeure pour les principes de justice et de responsabilité au niveau international. Un tel jugement :

- **Affirme le Principe de Non-Impunité :** La possibilité de traduire en justice des dirigeants politiques pour des crimes graves envoie un message fort selon lequel personne n'est au-dessus des lois, y compris ceux qui occupent ou ont occupé des postes de pouvoir. Cela renforce l'idée que les autorités doivent respecter les droits de l'homme et les normes internationales.

- **Établit des Précédents Juridiques :** La CPI a la capacité de créer des précédents qui peuvent influencer d'autres affaires, fournissant des bases juridiques sur la définition des crimes contre l'humanité et sur les responsabilités des dirigeants d'État. L'acquittement de Gbagbo, par exemple, pose des questions sur les critères de culpabilité, ce qui pourrait influencer la façon dont d'autres affaires similaires sont menées.

2. Les Défis de la Justice Internationale

Malgré les avancées, plusieurs défis persistent concernant le jugement des anciens chefs d'État :

- **Critiques de Sélectivité :** La CPI a été accusée de cibler principalement des dirigeants africains. Les critiques soulignent que les ressources et l'attention de la CPI semblent disproportionnées par rapport à d'autres régions du monde. Cette perception peut nuire à la crédibilité de la CPI en tant qu'institution vraiment internationale.

- **Complexité des Cas :** Les affaires impliquant des dirigeants politiques sont souvent complexes, notamment en raison des enjeux géopolitiques et des conflits d'intérêts. Les différences entre les systèmes judiciaires nationaux et internationaux peuvent rendre difficile la preuve de la culpabilité dans le cadre des crimes d'État.

- **Réactions Nationalistes :** Les arrestations et procès par la CPI peuvent être perçus comme une ingérence étrangère dans les affaires nationales, ce qui peut renforcer des sentiments nationalistes et entraîner des tensions entre les États et la communauté internationale.

3. L'Acquittement de Gbagbo : Un Cas Ambivalent

L'acquittement de Laurent Gbagbo par la CPI en janvier 2019 a été accueilli à la fois comme une victoire pour la défense des droits de l'homme et comme une source de désillusion pour les victimes des violences. Ce verdict soulève des questions essentielles :

- **Valeur de la Justice Réparatrice :** L'acquittement, bien qu'il souligne la nécessité de preuves solides pour toute condamnation, pose un dilemme concernant la satisfaction des victimes. Les attentes de justice peuvent ne pas être comblées, ce qui pourrait conduire à un ressentiment au sein des communautés touchées par les violences.

- **Réactions Politico-Sociales :** La décision a exacerbé les tensions politiques en Côte d'Ivoire. Elle a ravivé des débats sur les responsabilités de Gbagbo et d'autres acteurs politiques impliqués dans la crise. Ce climat peut rendre les efforts de réconciliation encore plus difficiles dans un contexte déjà fragile.

4. Impact sur les Mécanismes de Justice

La manière dont le procès Gbagbo a été géré peut influencer les futurs mécanismes de justice internationale :

- **Nécessité d'une Normalisation des Procédures :** Les organisations de justice internationale pourraient bénéficier de l'examen des leçons tirées du procès Gbagbo afin d'améliorer les procédures d'enquête et de jugement pour des cas futurs semblables.

- **Importance de l'Engagement Communautaire :** Il est crucial d'associer les communautés touchées, les défenseurs des droits de l'homme et les victimes au processus judiciaire. Cela peut aider à renforcer la confiance en la justice et à s'assurer que celle-ci prend en compte les préoccupations des victimes.

Conclusion

Le jugement de Laurent Gbagbo par la Cour Pénale Internationale représente une étape significative dans le développement de la justice internationale, notamment concernant la châtiabilité des dirigeants d'État. Bien qu'il ait donné lieu à des réflexions sur les principes de responsabilité, les dilemmes de l'acquittement, et les défis persistants liés à l'équité et à l'efficacité, il souligne également la nécessité d'améliorer les mécanismes de justice internationale. À long terme, le succès de la justice internationale dépendra de sa capacité à évoluer, à s'adapter et à répondre aux besoins des victimes tout en respectant les droits des accusés. Ainsi, le cas de Gbagbo sert de prisme pour examiner les défis contemporains et futurs auxquels la justice internationale sera confrontée dans ses efforts pour promouvoir la paix, la stabilité et la justice à l'échelle mondiale.

12. **Retour à la Liberté : Acquittement en 2019**

Les implications de son acquittement pour la Côte d'Ivoire.

Retour à la Liberté : Acquittement en 2019

L'acquittement de l'ancien président ivoirien Laurent Gbagbo en 2019 par la Cour pénale internationale (CPI) a eu des répercussions profondes et variées sur la Côte d'Ivoire, tant sur le plan politique que social.

Contexte de l'Acquittement

Laurent Gbagbo était poursuivi pour crimes contre l'humanité, liés aux violences qui ont suivi les élections de 2010. Après un long procès, il a été acquitté en mars 2019, une décision qui a suscité des réactions mitigées tant à l'intérieur qu'à l'extérieur du pays. Les partisans de Gbagbo ont célébré cette décision comme une victoire de la justice, tandis que d'autres y ont vu un enjeu de division supplémentaire dans un pays déjà fragile.

Implications Politiques

1. **Reconfiguration des Alliances Politiques**:

L'acquittement a redonné à Gbagbo une légitimité politique. Ses partisans se sont regroupés et ont commencé à exercer une pression politique pour son retour. Cela a mis en lumière des divisions existantes au sein des forces politiques ivoiriennes, certains partis cherchant à tirer parti de cette dynamique pour mobiliser leurs bases.

2. **Renforcement de l'Opposition**:

L'absence de Gbagbo sur la scène politique depuis des années avait fragilisé l'opposition. Son retour potentiel a ravivé l'espoir chez de nombreux Ivoiriens qui se sentaient marginés par le gouvernement actuel. Cela pourrait potentiellement unifier différentes factions de l'opposition autour de sa figure, rendant le paysage politique plus contestataire.

3. **Impact sur la Réconciliation Nationale**:

Malgré les promesses de réconciliation après la crise de 2010-2011, l'acquittement de Gbagbo a montré que des blessures profondes restent ouvertes. Certaines communautés ont ressenti un besoin urgent que la justice soit rendue pour les victimes des violences post-électorales, tandis que d'autres ont accueilli le retour de Gbagbo comme un signe de changement positif.

Implications Sociales

1. **Réactions des Citoyens**:

Les différentes populations ivoiriennes ont réagi de manières diverses face à cette décision. Les partisans de Gbagbo ont exprimé leur joie, alors que d'autres ont exprimé des inquiétudes sur la possibilité de nouvelles tensions ethniques ou de violences. La polarisation de la société ivoirienne semble s'être intensifiée, certains craignant que cette affaire ravive des rancœurs passées.

2. **Discours Public et Médias**:

L'acquittement a également été un sujet majeur dans les médias, avec une couverture qui a souvent reflété les biais politiques. Les discours autour de cette affaire ont mis en avant des questions d'identité nationale et de justice, constituant un terrain fertile pour des débats publics souvent passionnés.

3. **Mobilisation Civique**:

L'acquittement a inspiré des mouvements sociaux et des organisations de la société civile à s'interroger sur la question de la justice et de la réconciliation. Des débats ont eu lieu sur le rôle de la CPI et sur l'impact de la justice internationale dans des contextes locaux.

Conclusion

L'acquittement de Laurent Gbagbo en 2019 représente un moment charnière pour la Côte d'Ivoire. Il a mis en lumière les défis persistants de la réconciliation nationale, la justice et la stabilisation politique. Alors que le pays se dirige vers de futures échéances électorales, le spectre de la polarisation et des tensions historiques demeure présent, et les décisions politiques futures devront tenir compte de cette réalité complexe pour favoriser un climat de paix durable. La façon dont les acteurs politiques, civiques et la société réagiront à cette situation déterminera les voies de progrès ou de conflit dans cette nation déjà éprouvée.

13. **Laurent Gbagbo et la Jeunesse Africaine**

Son influence sur les jeunes leaders et activistes.

Laurent Gbagbo et la Jeunesse Africaine

L'influence de Laurent Gbagbo sur la jeunesse africaine est complexe et multidimensionnelle. Ancien président de la Côte d'Ivoire, il est une figure emblématique dont les idées et actions ont résonné non seulement en Côte d'Ivoire mais aussi à travers le continent africain. Cet essai explore son impact sur les jeunes leaders et activistes, mettant en lumière les différentes manières dont son parcours a inspiré ou influencé la génération actuelle.

1. Modèle de Résistance

La carrière politique de Gbagbo est marquée par un discours anti-colonial et un refus des ingérences extérieures, qui ont frappé un écho particulier chez les jeunes africains. En incarnant une résistance ferme contre ce qu'il percevait comme des politiques néocoloniales, Gbagbo a suscité un sentiment de fierté nationale et continentale. Les jeunes leaders africains, inspirés par son exemple, ont commencé à revendiquer une plus grande autonomie politique et économique pour leurs pays, s'éloignant des modèles traditionnels imposés par l'Occident.

2. Éducation et Engagement Politique

Laurent Gbagbo a toujours accordé une grande importance à l'éducation et au militantisme. Sa capacité à rassembler les jeunes autour de sa vision a encouragé de nombreux étudiants et jeunes activistes à s'engager dans des luttes politiques. Les mouvements étudiants en Côte d'Ivoire, animés par l'idéologie de Gbagbo, ont ouvert la voie à une nouvelle génération politique consciente des enjeux socio-économiques et désireuse de transformer leur environnement.

- **Écoles et Universités**: Gbagbo a souvent affirmé que la jeunesse devait jouer un rôle actif dans la politique. Ses discours mobilisateurs dans les universités ont contribué à la naissance d'une culture de l'engagement chez les jeunes, faisant d'eux des acteurs clés dans les luttes pour la justice sociale et la démocratie.

3. Une Figure d'Identification

Pour de nombreux jeunes, Gbagbo représente une figure d'identification. Son récit personnel, en tant qu'intellectuel et leader politique issu des couches populaires, a permis à de nombreux jeunes d'aspirer à un parcours similaire. Ils se sont souvent reconnus dans ses luttes et ses défis, ce qui a renforcé leur détermination à s'impliquer dans la vie politique.

- **Symbolisme**: L'image de Gbagbo a été utilisée comme un symbole de résistance et d'espoir, particulièrement par les mouvements de jeunesse cherchant à contester les régimes en place jugés répressifs ou inefficaces. Cela a pris la forme de manifestes, de chansons, et d'art de rue évoquant sa lutte et ses principes.

4. Impact sur les Activistes et Mouvements Sociaux

Gbagbo a également influencé des mouvements sociaux au-delà des frontières ivoiriennes. Son engagement en faveur de la démocratie, de la justice sociale et de la dignité humaine a trouvé un écho dans des mouvements comme #EndSARS au Nigeria et d'autres initiatives à travers l'Afrique.

- **Réseaux Sociaux**: Dans l'ère numérique, les jeunes activistes ont utilisé les plateformes sociales pour partager ses idées et revendiquer un changement. La circulation de vidéos et de discours de Gbagbo sur des réseaux sociaux a permis à sa pensée de rester pertinente pour une jeune génération qui utilise ces outils pour organiser des actions collectives.

5. Critiques et Controverses

Cependant, l'influence de Gbagbo n'est pas exempte de critiques. Son mandat a également été marqué par des accusations de violence et d'autoritarisme, et certains jeunes ont choisi de se distancier de ses méthodes en faveur de stratégies plus pacifiques et inclusives. Ce clivage générational fait que, bien que Gbagbo soit une source d'inspiration pour certains, d'autres réclament des modèles de leadership plus démocratiques et centrés sur les droits humains.

- **Débats Internes**: Ces divergences au sein de la jeunesse ont conduit à des débats animés sur la meilleure façon de mener le changement. Certains jeunes leaders privilégient les réformes progressives et le dialogue plutôt que la polarisation qui a souvent caractérisé la carrière de Gbagbo.

Conclusion

Laurent Gbagbo demeure une figure influente pour de nombreux jeunes Africains. Son héritage a ouvert des voies pour une génération désireuse de revendiquer ses droits et de travailler pour un avenir meilleur. Que ce soit à travers des mouvements politiques, des engagements sociaux ou des initiatives communautaires, son impact continuera de façonner le paysage politique et social de l'Afrique pour les années à venir. Cependant, la jeunesse africaine, tout en s'inspirant de son parcours, doit naviguer avec discernement entre inspiration et innovation, à la recherche de nouveaux modèles de leadership adaptés aux défis contemporains.

14. **Réflexions sur l'Identité Africaine**

La manière dont Gbagbo a cultivé un discours sur l'identité.

Réflexions sur l'Identité Africaine : Le Discours d'une Figure Controversée

Laurent Gbagbo, en tant qu'homme politique et ancien président de la Côte d'Ivoire, a profondément influencé la réflexion sur l'identité africaine, tant dans son discours que dans ses actions. Son approche a été marquée par un mélange d'éléments historiques, culturels et politiques, visant à promouvoir un sentiment d'appartenance et d'auto-détermination parmi les Africains. Cette réflexion prend en compte les différentes dimensions du discours de Gbagbo sur l'identité, en passant par ses implications sociétales et ses répercussions sur la politique contemporaine.

1. Une Identité Culturelle Affirmée

Gbagbo a toujours insisté sur l'importance de la culture et de l'histoire dans la construction de l'identité africaine. En mettant l'accent sur les valeurs indigènes, les traditions et les langues africaines, il a encouragé une redécouverte des racines africaines.

- **Promotion des Cultures Locales**: Durant son mandat, Gbagbo a soutenu des initiatives visant à promouvoir les arts, la musique, et même l'enseignement des langues africaines dans les écoles. Cela a permis aux jeunes générations de se reconnecter avec leurs héritages culturels, renforçant ainsi leur identité.

- **Récits Historiques**: Il a également plaidé pour une réécriture de l'histoire africaine, loin des récits colonialistes qui ont longtemps dominé le discours. En promouvant une histoire vue par les Africains eux-mêmes, Gbagbo a cherché à renforcer la fierté et la souveraineté des nations africaines.

2. L'Anticolonialisme et la Décolonisation de l'Esprit

L'une des contributions majeures de Gbagbo au discours sur l'identité africaine réside dans son anticolonialisme affirmé. Son combat contre les injustices historiques et sa critique de l'impérialisme ont été au cœur de son message politique.

- **Un Appel à la Résistance**: Son discours politique a inclus un appel à la résistance contre les ingérences extérieures, que ce soit sur le plan économique, politique ou culturel. Cela a créé un sentiment d'unité parmi les Africains, les appelant à revendiquer leur place sur la scène mondiale.

- **Décolonisation Culturelle**: Gbagbo a souvent évoqué la nécessité d'une décolonisation non seulement physique, mais aussi mentale. Cela implique de rejeter des normes et des valeurs perçues comme imposées par l'Occident, au profit de valeurs authentiquement africaines.

3. La Question de l'Identité Nationale

Dans le contexte de la Côte d'Ivoire, Gbagbo a également navigué entre les questions d'identité nationale et ethnique. Son discours a souvent touché aux défis liés à la diversité culturelle du pays.

- **Nationalisme Inclusif vs. Exclusion**: Gbagbo a initialement promu un nationalisme inclusif, cherchant à unir les différentes ethnies sous une seule identité ivoirienne. Toutefois, ses critiques ont observé que certains aspects de son discours ont parfois favorisé des tensions ethniques, notamment durant les crises politiques.

- **Identification au Peuple**: Gbagbo se présentait comme un homme du peuple, un leader issu des classes populaires. Cette stratégie visait à construire une identité collective centrée sur la lutte des classes et sur le fait de revendiquer l'espérance et les aspirations des masses.

4. Un Modèle pour la Jeunesse Africaine

Gbagbo a su incarner pour de nombreux jeunes Africains une figure de résistance et d'affirmation. Son discours sur l'identité s'est traduit par un appel à l'engagement civique chez les jeunes.

- **Mobilisation des Jeunes**: Son discours a eu un réel impact en mobilisant la jeunesse autour de la question de l'identité. De nombreux jeunes ont été inspirés par ses idées et ses convictions, cherchant à construire une identité africaine dynamique, moderne, et tournée vers l'avenir.

- **Débats Internes**: Toutefois, la jeunesse critique a également analysé son héritage avec un regard critique, questionnant en quoi son approche de l'identité répondait aux réalités contemporaines et à la nécessité d'une identité inclusive qui transcende les divisions ethniques.

5. Critiques et Controverses

Le discours de Gbagbo sur l'identité n'est pas exempt de controverses. Bien qu'il ait réussi à renforcer un certain sentiment de fierté nationale, ses méthodes et le contexte de ses politiques ont souvent suscité des critiques, notamment en ce qui concerne l'usage de la rhétorique identitaire dans des contextes de rivalités politiques.

- **Polarisation**: Sa manière de présenter l'identité a parfois contribué à des tensions ethniques et à une polarisation au sein de la société ivoirienne. Alors qu'il prônait un renforcement de l'identité nationale, ses déclarations ont parfois été perçues comme excluantes par des groupes visés.

- **Discours de la Haine**: Certaines de ses expressions ont été critiquées pour alimenter des discours de haine, ce qui a exacerbé les tensions douces entre différentes communautés.

Conclusion

Laurent Gbagbo a incontestablement marqué le paysage du discours sur l'identité africaine. Par son insistance sur la valeur de la culture, l'anticolonialisme et l'affirmation nationale, il a contribué à façonner une réflexion collective sur ce que signifie être africain aujourd'hui. Cependant, son héritage est également émaillé de défis et de controverses, illustrant la complexité des dynamiques identitaires sur le continent. Pour la jeunesse et les leaders futurs, l'œuvre de Gbagbo demeure une source d'inspiration tant que de réflexion, invitant à un dialogue continu sur l'identité, la culture et les valeurs qui façonnent l'Afrique contemporaine.

15. **L'Héritage du Nationalisme Ivoirien**

Impact de son nationalisme sur la conscience politique.

L'Héritage du Nationalisme Ivoirien : Impact sur la Conscience Politique

L'héritage du nationalisme ivoirien, tel que porté et développé par Laurent Gbagbo, est un sujet complexe et profond qui a façonné la conscience politique de la Côte d'Ivoire depuis la fin des années 1990. Son approche du nationalisme a non seulement influencé la politique ivoirienne, mais aussi celui des autres nations africaines en quête de leur identité et de leur autonomie. Voici un panorama détaillé de cet héritage et de son impact sur la conscience politique en Côte d'Ivoire.

1. Construction d'une Identité Nationale

Sous la présidence de Gbagbo, le nationalisme a été un outil clé pour construire une identité nationale forte. L'identité ivoirienne a été placée au centre des discours politiques, soulignant l'importance de la solidarité nationale et de la fierté pour l'héritage culturel.

- **Redéfinition de l'Identité**: Gbagbo a promu l'idée d'une identité ivoirienne unitaire, cherchant à transcender les différences ethniques. Ses discours ont mis l'accent sur le fait que tous les Ivoiriens, quelle que soit leur origine, partagent un destin commun, ce qui a poursuivi l'idée que la diversité culturelle peut se transformer en force pour la nation.

- **Symboles Nationaux**: Son mouvement a également utilisé des symboles nationaux pour galvaniser la population, reliant le nationalisme à des valeurs comme la souveraineté, l'unité et la résistance contre les influences extérieures, en particulier celles des puissances coloniales.

2. Mobilisation Politique et Civique

L'impact du nationalisme sur la conscience politique en Côte d'Ivoire se manifeste par la mobilisation des citoyens autour des idées de patriotisme et de solidarité.

- **Engagement des Masses**: Gbagbo a réussi à mobiliser des millions de jeunes autour d'un projet national où « l'Ivoirien » doit être le héros de sa propre histoire. Cela a engendré une politique où les jeunes se sont engagés activement dans des mouvements sociaux et politiques, créant des espaces de débat et d'action.

- **Rôle des Partis et des Mouvements**: Le nationalisme gbagboïste a servi de base à la structuration de partis politiques tels que le Front Populaire Ivoirien (FPI), qui ont été les canaux principaux pour articuler les aspirations sociales et politiques des Ivoiriens. Ces partis sont devenus des lieux de débat sur le futur de la Côte d'Ivoire et ont amplifié les voix des marginalisés.

3. Impact sur la Politique Économique

Le nationalisme a également eu des répercussions sur la politique économique de la Côte d'Ivoire, influençant les perceptions sur la gestion des ressources et des opportunités de développement.

- **Souveraineté Économique**: Gbagbo a passionnément plaidé pour la souveraineté économique, véhiculant l'idée que le développement économique de la Côte d'Ivoire devait être contrôlé par les Ivoiriens eux-mêmes. Cela a incité des politiques de soutien aux entreprises locales et une critique des accords jugés inéquitables avec les puissances étrangères.

- **Résistance aux Politiques Extérieures**: Cette vision a également alimenté des sentiments nationalistes, perçus parfois comme protecteurs, face à la mondialisation. Les Ivoiriens ont commencé à valoriser davantage les produits nationaux et à s'interroger sur les impacts des investissements étrangers sur l'économie locale.

4. Polarisation Politique et Tensions Ethniques

Si le nationalisme a joué un rôle unificateur, il a également entraîné des conséquences négatives, notamment des tensions ethniques et une polarisation politique accrue.

- **Politisation de l'Identité**: La rhétorique nationaliste a parfois été instrumentalisée pour créer des divisions, mettant en avant certaines identités ethniques au détriment d'autres. Cela a alimenté des ressentiments et exacerbé des tensions qui ont pu conduire à des conflits, notamment lors de la crise post-électorale de 2010-2011.

- **Exclusion et Violence**: L'accent mis sur une identité nationale exclusive a conduit à des sentiments d'exclusion parmi certaines communautés, renforçant des clivages qui ont trouvé leur expression dans des violences politiques. Les discours nationalistes, bien qu'inspirants pour certains, ont également justifié des mesures qui ont marginalisé des groupes considérés comme "non-Ivoiriens" ou de moindre importance politique.

5. Héritage et Perspectives Futures

Aujourd'hui, l'héritage du nationalisme gbagboïste continue de marquer la conscience politique en Côte d'Ivoire. Bien que la nation ait fait des progrès vers la réconciliation, les fractures historiques demeurent perceptibles.

- **Rapport au Gouvernement**: Le nationalisme a conduit à une méfiance persistante envers les gouvernements perçus comme éloignés des préoccupations du peuple. La crise de confiance envers les élites politiques pousse les citoyens à revendiquer des gouvernements plus responsables et représentatifs de leur diversité.

- **Nouveaux Acteurs Politique**: La jeunesse ivoirienne, influencée par l'héritage de Gbagbo, cherche maintenant à repenser le nationalisme en intégrant des notions de diversité, d'inclusion et de justice sociale. De nouveaux mouvements émergent, aspirant à une politique qui non seulement célèbre l'identité nationale, mais qui positionne également les droits individuels et collectifs au centre de l'espace politique.

Conclusion

L'héritage du nationalisme ivoirien, tel que défini par Laurent Gbagbo, est indiscutablement influent. De la construction d'une identité nationale à la mobilisation politique, en passant par des tensions ethniques, ce nationalisme a façonné la conscience politique des Ivoiriens d'aujourd'hui. Alors que le pays continue à évoluer, la nécessité d'un nationalisme inclusif et respectueux de la diversité apparaîtra cruciale pour construire une Côte d'Ivoire pacifiée et prospère. Les leçons tirées de cet héritage doivent être explorées et adaptées pour répondre aux défis contemporains, en intégrant des valeurs de respect, d'unité et de justice pour tous les Ivoiriens.

16. **Perspectives de l'Avenir Politique de l'Afrique**

Vision de Gbagbo pour un avenir post-colonial en Afrique.

17. **Conclusion : Un Artisan de Changement**

Résumé de l'impact de Gbagbo sur la conscience politique africaine.

Réflexion Finale

À travers ces chapitres, cet ouvrage met en lumière le parcours tumultueux de Laurent Gbagbo, tout en célébrant son rôle d'artisan dans l'éveil de la conscience politique sur le continent africain.

Laurent Gbagbo : L'Artisan de la Conscience Politique Africaine

Résumé

Laurent Gbagbo, en tant qu'ancien président de la Côte d'Ivoire, a joué un rôle crucial dans le façonnement de la conscience politique africaine dans un contexte post-colonial. Son héritage est marqué par un nationalisme affirmé qui a encouragé les jeunes générations à revendiquer leur héritage culturel et à s'engager activement dans les affaires politiques. Par ses discours et ses actions, il a promu des valeurs de résistance, d'identité et de souveraineté qui ont résonné au-delà des frontières ivoiriennes. Cependant, cet héritage ne vient pas sans controverses, les tensions ethniques et la polarisation politique étant des conséquences notables de son approche. La réévaluation de son influence permet d'envisager les voies futures pour l'Afrique, marquées par une quête d'inclusion et de justice sociale.

Conclusion

Laurent Gbagbo demeure une figure emblématique de la lutte pour l'affirmation de l'identité africaine et la résistance face aux influences extérieures. En cultivant un discours nationaliste, il a su allumer la flamme de la conscience politique, non seulement en Côte d'Ivoire mais aussi sur le continent africain. Son approche a inspiré une nouvelle génération de leaders et d'activistes qui cherchent à faire entendre leur voix dans la sphère politique. Toutefois, le chemin vers une véritable unité et une réconciliation durable demeure semé d'embûches, et l'héritage de Gbagbo appelle à une réflexion critique sur la construction de nations inclusives et respectueuses de leurs diversités. La richesse des leçons tirées de son parcours offre des opportunités uniques pour repenser le nationalisme africain à travers les prismes de la démocratie, de la justice et des droits humains.

Section de Références

1. **Gbagbo, Laurent.** *La Côte d'Ivoire: une nation, une solidarité*. Abidjan: Presses Ivoiriennes, 2002.

2. **N'Guessan, Blaise.** *Identité et Politique en Côte d'Ivoire: entre nationalisme et multiculturalisme*. Paris: L'Harmattan, 2011.

3. **Ouegnin, Kouassi.** *Le nationalisme ivoirien de Gbagbo: enjeux et perspectives*. Abidjan: Éditions du Septeuil, 2016.

4. **Touré, Marie-Louise.** *Les défis du nationalisme en Afrique post-coloniale: le cas de la Côte d'Ivoire*. Dakar: Éditions de l'Université Cheikh Anta Diop, 2017.

5. **Kouadio, Pascal.** *L'héritage de Laurent Gbagbo: réflexions sur le nationalisme et l'identité en Afrique*. Yaoundé: Éditions Africaines, 2019.

Bibliographie

- Aminata, S. (2019). *Politique et identité en Afrique de l'Ouest : l'héritage de Gbagbo*. Paris : Éditions Karthala.

- Diabaté, I. (2020). *Jeunesse et engagement politique en Côte d'Ivoire : l'impact de Gbagbo*. Abidjan : Éditions Sépia.

- Bedié, A. (2021). *Les lendemains difficiles : la Côte d'Ivoire après Gbagbo*. Dakar : Harmattan.

- Konaté, Y. (2022). *De la politique à la société civile : l'influence de Gbagbo sur la mobilisation des jeunes en Afrique*. Abidjan : Presses Universitaires de Côte d'Ivoire.

- Zadi, F. (2023). *La voix de l'Afrique : nationalisme et conscience politique au XXIe siècle*. Bruxelles : Éditions de la Découverte.

I want morebooks!

Buy your books fast and straightforward online - at one of world's fastest growing online book stores! Environmentally sound due to Print-on-Demand technologies.

Buy your books online at
www.morebooks.shop

Achetez vos livres en ligne, vite et bien, sur l'une des librairies en ligne les plus performantes au monde!
En protégeant nos ressources et notre environnement grâce à l'impression à la demande.

La librairie en ligne pour acheter plus vite
www.morebooks.shop

Printed by Books on Demand GmbH, Norderstedt / Germany